31 Mars 1905

VENTE
du Vendredi 31 Mars 1905
Hôtel Drouot, Salle N°

EXPOSITION PUBLIQUE
le 30 Mars de 2 h. à 5 h.

Peintures, Marbres, Terres Cuites

avec droit de reproduction

PAR

Louis CARRIER-BELLEUSE

COMMISSAIRES-PRISEURS

M° Gustave **COULON**
26, Rue de la Victoire

M° Georges **BONNAUD**
23, Rue Le Peletier

EXPERT

M. **WILLIAMSON**

VENTE

du Vendredi 31 Mars 1905

Hôtel Drouot, Salle Nᵒ 1

EXPOSITION PUBLIQUE

Le 30 Mars, de 2 h. à 5 h. 1/2

Peintures, Marbres, Terres Cuites

avec droit de reproduction

PAR

Louis CARRIER-BELLEUSE

COMMISSAIRES-PRISEURS

Mᵉ Gustave **COULON**
16, Rue de la Victoire

Mᵉ Georges **BONNAUD**
23, Rue Le Peletier

EXPERT

M. **WILLIAMSON**

DÉSIGNATION

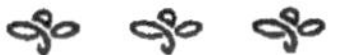

TABLEAUX

1 — Les joueurs d'échecs.

Toile. Haut 1m10. Larg. 1m50.

2 — Le Concert des Troubadours.

Toile. Haut. 1m50. Larg. 0m95

3 — L'Enfant au chaudron.

Toile. Haut. 0m75. Larg. 0m75.

4 — Enfant arrosant des fleurs.

Toile. Haut. 1m10. Larg. 0m7

5 — Joueur de mandoline.

Toile. Haut. 0m92. Larg. 0m60.

6 — Le Bilboquet.

Toile. Haut. 0m65. Larg. 0m54.

7 — La Lecture.

Toile. Haut. 0m54. Larg. 0m73.

8 — Jardinière Directoire.

Toile. Haut. 0m65. Larg. 0m50.

9 — Le Vieux mendiant.

Toile. Haut. 0m93. Larg. 0m62.

10 — Vieux Moulin à Audreselles.

Toile. Haut. 0m66. Larg. 0m82.

11 — Vieux Moulin à Montfermeil.

Toile. Haut. 0m38. Larg. 0m61.

12 — Au Cabestan (Yport.

Toile. Haut. 1m24. Larg. 2m.

13 — Au Cabestan (Yport. Esquisse du précédent.

Haut. 0m40. Larg. 0m70.

14 — L'Attente (Yport).

Toile. Haut. 0m95. Larg. 0m48.

15 — Galloge (Yport).

Toile. Haut. 0m38. Larg. 0m61.

16 — Soir d'été, souvenir de Bréhat.

Toile. Haut. 0m40. Larg. 0m71.

17 — Calvaire à Criquebœuf.

Toile. Haut. 0m27. Larg. 0m60.

18 — Avant le goudronnage (Berck).

> Toile. Haut. 0^m41. Larg. 0^m30.

19 — Après le goudronnage. Pendant du précédent.

> Toile. Haut. 0^m41. Larg. 0^m30.

20 — Après-midi sur la plage (Berck).

> Toile. Haut. 0^m36. Larg. 0^m55.

21 — L'heure du bain (Berck).

> Panneau. Haut. 0^m34. Larg. 0^m41.

22 — Matin sur la plage (Berck).

> Panneau. Haut. 0^m34. Larg. 0^m41.

23 — Après-midi sur la plage (Berck).

> Toile. Haut. 0^m36. Larg. 0^m55.

24 — Bateau pêcheur à marée basse (Berck).

> Toile. Haut. 0^m25. Larg. 0^m38.

25 — Gros temps Berck.

> Toile. Haut. 0^m21. Larg. 0^m40.

26 — Vue de la plage Berck. Pendant du précédent.

> Haut. 0^m21. Larg. 0^m40.

27 — Débarquement d'un bateau de pêche (Berck.

> Toile. Haut. 0^m32. Larg. 0^m21.

28 — Soleil couchant à marée basse Berck).

> Toile. Haut. 0^m32. Larg. 0^m21.

29 — Le Halage d'un bateau de pêche (Berck).

> Toile. Haut. 0^m35. Larg. 0^m46.

30 — Sur la terrasse (Paris-plage).

Toile. Haut 0m51. Larg. 0m73.

31 — Bateau de pêche au soleil couchant (Berck).

Panneau. Haut. 0m27. Larg 0m19.

32 — Bateau de pêche au soleil couchant (Berck).

Panneau. Haut. 0m21. Larg. 0m16.

33 — Bateaux de pêche, temps gris.

Panneau. Haut. 0m27. Larg. 0m19.

34 — Bateau de pêche, temps gris.

Haut. 0m21. Larg. 0m16.

35 — Petite vue de la plage (Berck).

Panneau. Haut. 0m17. Larg. 0m28.

36 — L'arrivée d'un lamaneur.

Panneau. Haut. 0m21. Larg. 0m27.

37 — Débarquement du poisson.

Panneau. Haut. 0m16. Larg. 0m21.

38 — L'arrivée des bateaux pêcheurs.

Panneau. Haut. 0m16. Larg. 0m21.

39 — Bateau de pêche à marée basse.

Toile. Haut. 0m21. Larg. 0m40.

40 — Doris, par gros temps.

Panneau. Haut. 0m15. Larg. 0m30.

41 — Pêcheur de coques.

Panneau. Haut. 0m32. Larg. 0m21.

42 — Cour de ferme à Villiers-le-Bel.

Toile. Haut. 0^m65. Larg. 0^m95.

43 — La Fourragère, à Villiers-le-Bel.

Toile. Haut. 0^m34. Larg. 0^m55.

44 — Baigneuses.

Pastel. Haut. 0^m94. Larg. 0^m74.

MARBRES

45 — Faune lutinant une nymphe.

Groupe. Haut. 0^m50.

46 — Tentation de Priape.

Groupe. Haut. 0^m75.

47 — Phryné.

Statuette. Haut. 0^m65.

48 — Egérie.

Statuette. Haut. 0^m65.

49 — Eurydice.

Statuette. Haut. 0^m65.

5o — Cléopâtre.

Statuette. Haut. 0^m65.

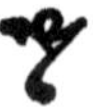

TERRES CUITES ORIGINALES

51   Amazone victorieuse.

Groupe. Haut. 0^m90.

52   Psyché debout.

Statuette. Haut. 0^m80.

53   Baigneuse.

Statuette. Haut. 0^m80.

54 — Pandore.

Statuette. Haut. 0^m80

55   Hébé.

Statuette. Haut. 0^m80.

56 — Femme coiffée d'un casque.

Buste. Haut. 0^m85.

57 — Junon.

Buste. Haut. 0^m85.

58 — Duchesse.

Buste. Haut. 0^m80

59   Printemps.

Buste. Haut. 0^m70

60 — Hiver.

Buste. Haut. 0^m70.

TERRES CUITES *(Reproductions)*

Groupes

61 — L'Ivresse.

Haut. 0^{m}90.

62 — La Danse.

Haut. 1^m.

63 — Maternité.

Haut. 0^{m}75.

64 — Retour des champs.

Haut. 0^{m}80.

65 — Silène.

Haut. 0^{m}60.

66 — La Confidence.

Haut. 0^{m}75.

67 — L'Amour désarmé.

Haut. 0^{m}72.

68 — Tempérance.

Haut. 0^{m}70.

69 — Les trois Gràces.

Haut. 1^m.

70 — Ronde d'enfants.

Haut. 1^m10.

71 — Triton et Bacchante.

Haut. 0^m65.

72 — Education du faune.

Haut. 0^m40.

73 — Nymphe et Satyre, n°. 1.

Haut. 0^m48.

74 — Nymphe et Satyre, n°1, patiné.

Haut. 0^m48.

75 — Nymphe et Satyre, n° 2.

Haut. 0^m30.

76 — Centauresse.

Haut. 0^m50.

77 — Retour des vendanges.

Haut. 0^m77.

78 — Châtelaine.

Haut. 0^m80.

79 — Tentation de Priape.

Haut. 0^m60.

80 — Dompteuse et enfant.

Haut. 0^m55

81 — Danseurs italiens.

Haut. 0^m60.

82 — Priape et ronde d'enfants.

Haut. 1^m10.

83 — Faune et Bacchante. Support de vase.

Haut. 0^m95.

84 — Tentation de Priape.

Haut. 0^m70.

85 — Danseurs Bretons.

Haut. 0^m75.

86 — Grande Bacchanale.

Haut. 0^m50 ; larg. 0^m75.

87 — Petits Dénicheurs d'oiseaux.

Haut. 0^m55.

STATUETTES

88 — Femme au nid.

Haut. 0m45.

89 — Diane au chien.

Haut. 0m75.

90 — Bacchante au Therme.

Haut. 0m75.

91 — Psyché assise.

Haut. 0m65.

92 — Angélique.

Haut. 0m75.

93 — La Vendangeuse.

Haut. 0m70.

94 — L'Automne.

Haut. 0m80.

95 — Printemps aux roses.

Haut. 0m80.

96 — Diane victorieuse.

Haut. 0m65.

97 — Mélancolie aux roses.

Haut. 0m75.

98 — Diane au héron.

Haut. 0m75.

99 — Liseuse.

Haut. 0m80.

100 — Fileuse.

Haut. 0m75.

101 — Brodeuse.

Haut. 0m80.

102 — Harmonie.

Haut. 0m80.

103 — Femme au collier.

Haut. 0m80.

104 — La Violoniste.

Haut. 0m80.

105 — Femme au coffret.

Haut. 0m80.

106 — La Douleur.

Haut. 0m50.

107 — Dompteuse.

Haut. 0m55.

108 — Cigale.

Haut. 0m80.

109 — Fourmi.

Haut. 0^m80.

110 — Philomela.

Haut. 0^m70.

111 — Phryné.

Haut. 0^m48.

112 — Egérie.

Haut. 0^m48.

113   Eurydice.

Haut. 0^m48.

114 — Enfants. Supports de vase.

Haut. 0^m42.

BUSTES

115 — Sommeil.

Haut. 0m55.

116 — Réveil.

Haut. 0m55.

117 — La Parisienne.

Haut. 0m70.

118 — Bacchante.

Haut. 0m60.

119 — Velleda.

Haut. 0m80.

120 — Soucieuse.

Haut. 0m70.

121 — Eve.

Haut. 0m72.

122 — Beethoven.

Haut. 0m50.

123 — Mozart.

Haut. 0m50

www.ingramcontent.com/pod-product-compliance
Lightning Source LLC
LaVergne TN
LVHW020855200726
843508LV00003B/1215